D1671107

Lasst den Wind des Himmels
zwischen euch tanzen

Lasst den Wind des Himmels zwischen euch tanzen

Gedichte und Weisheiten mit Blumenmotiven zum Ausmalen

Ki-Hyang Lee (Herausgeber)

Li Edition
MÄRCHENWALD VERLAG

Für : ....

Von : ....

Index

Vorwort

Ende Juni 2019 nahm ich an einem Workshop in Hirsau teil. Der Weg dorthin war lang, zudem ist das letzte Stück der Bahnstrecke von Pforzheim nach Hirsau nur eingleisig: Ein Zug fährt auf der gleichen Strecke hin und zurück. Neben dem Gleis schossen Bäume in den Himmel und den einen einzigen Weg zu betrachten, war ein herrliches Gefühl. Ich dachte bei mir, wie einfach und ohne Irrwege das Leben doch verlaufen würde, wenn es wie diese Schienen nur einer vorgegebenen Bahn folgte. Leider kreuzen unzählige Pfade unseren Lebensweg und konfrontieren uns ständig mit Entscheidungen darüber, welche Abzweigung wir nehmen sollen. Ich fragte mich, ob ich den richtigen Weg gewählt hatte.

Am letzten Tag im Kloster Hirsau stieß ich bei einem frühmorgendlichen Spaziergang auf eine Gruppe, die sich zu einer Führung unter der Leitung des Pfarrers zusammengefunden hatte. Dieser stellte den Anwesenden Fragen, aus deren Antworten ich ablesen konnte, welche Einsamkeit und Angst vor dem Tod die Teilnehmer hergeführt hatte.

Auf der Fahrt nach Hause, umgeben von Gottes herrlicher Natur, keimte in mir der Wunsch, ein Buch mit all den Worten herauszugeben, die mir im Leben Kraft und Mut gespendet haben. Ein Buch voller Blumenskizzen, die man nach den eigenen Vorstellungen ausschmücken und kolorieren kann. Ein Buch mit Platz für Notizen und Gedanken über das Leben. Ein Buch, das den Kindern irgendwann später einen Teil meines Universums erschließen kann.

Während ich meine Lieblingsgedichte sammelte, abtippte, übersetzte und bearbeitete, kehrten verlorengegangene Empfindungen wieder und gaben mir das starke Gefühl, zu leben.

Ich weiß nicht, ob ich immer die richtigen Pfade eingeschlagen habe, doch ich weiß zumindest, dass die Fahrt nach Hirsau mir einen neuen Weg eröffnet hat, den ich bis dahin nicht gegangen war, aber gehen wollte.

Ich wünsche Ihnen, dass Ihnen dieses Büchlein auch einen Weg weist, von dem Sie schon immer geträumt haben, dem Sie aber bisher - aus welchen Gründen auch immer - nicht gefolgt sind, und den Sie nun neu entdecken können.

München, 08.05.2020
Ihre Ki-Hyang Lee

Auch das geht vorüber

Eines Tages befahl ein König in Persien seinen Vasallen,
ihm einen Gegenstand zu besorgen,
der seinen Besitzer aufmuntert,
wenn ihm das Herz schwer geworden ist,
und es zügelt,
wenn es zu euphorisch zu werden droht.

Die Untergebenen saßen zusammen und diskutierten
die ganze Nacht hindurch, bevor sie schließlich
dem König einen Ring brachten.
Der König las die im Ring eingravierten Worte,
brach in schallendes Gelächter aus
und war zufrieden damit.
In dem Ring stand der Satz:
‚Auch das geht vorüber.‘

Wenn dich das Glück anlächelt,
wenn dein Leben von Freude und Wonne erfüllt ist,
wenn deine Tage ohne Sorgen vorübergehen,
präge diesen Satz ruhig in dein Herz ein,
damit du nicht allein
von den weltlichen Dingen abhängig wirst.

‚Auch das geht vorüber.‘

Lanta Wilson Smith

. -

. -

. -

. -

Liebe, als wärest du niemals verletzt worden!

Tanze, als sähe dich niemand an!
Liebe, als wärest du niemals verletzt worden!
Singe, als höre niemand dir zu!
Lebe, als wäre heute dein letzter Tag!

Mark Twain

MEIN VIERZEILER ...

Erst später

Erst nachdem ich ruhig geworden war,
erkannte ich, dass in meinem Herz zuvor
der Leichtsinn wohnte.

Erst nachdem ich geschwiegen hatte,
wurde mir bewusst, dass meine Worte
ohrenbetäubender Lärm gewesen waren.

Erst nachdem ich die getane Arbeit betrachtet hatte,
sah ich, wie unnötig ich die Zeit verbrachte.

Erst nachdem ich die Tür hinter mir zugezogen hatte,
fiel mir auf, dass ich zu viele
Bekanntschaften geschlossen hatte.

Erst nachdem ich meine Gier unterdrückt hatte,
wurde mir klar, wie viele Fehler ich begangen hatte.

Erst nachdem ich mich Anderen gewidmet hatte,
entdeckte ich, wie unmenschlich ich
bis dahin gewesen war.

Chen Jiru

WAS ICH VERMISSE ...

Meditation

Zu ungeduldigen Menschen,
die sich schnell aufregen, sage ich:
„Ertragen Sie es!
Überwinden Sie es!
Halten Sie durch!"

Zu denjenigen, die ständig erdulden,
sage ich:
„Es ist genug!
Hören Sie jetzt auf!
Wehren Sie sich!"

Für jene, die festhalten,
ist Loslassen Meditation.
Für jene, die stets loslassen,
ist Festhalten Meditation.
Für jene, die nicht erdulden können,
ist es Meditation, zu ertragen.
Für jene, die an Geduld gewöhnt sind,
ist Aufhören auch eine Meditation.

Seon Myeong
(Koreanische buddhistische Nonne,
aus dem Buch „Im nächsten Leben werde ich
als deine Mutter geboren")

Was du wissen solltest

Du musst nicht unbedingt jemand sein.
Du musst nicht unbedingt etwas tun.
Es gibt nichts auf dieser Welt,
was du unbedingt besitzen musst.
Es gibt auch nichts,
was du unbedingt wissen musst.
Tatsächlich muss aus dir nicht einmal
unbedingt etwas werden.
Aber du solltest zumindest darüber Bescheid wissen,
dass du dich verbrennst,
wenn du ein Feuer berührst,
und dass der Boden nass wird,
wenn es regnet.
Denn das hilft dir durch das Leben.

Ein Gedicht aus einem Tempel in Kyoto

WAS ICH WISSEN SOLLTE ...

_____

_____

_____

_____

_____

Das Gewitter

Urahne, Großmutter, Mutter und Kind
in dumpfer Stube beisammen sind;
Es spielet das Kind, die Mutter sich schmückt,
Großmutter spinnet, Urahne gebückt
sitzt hinter dem Ofen im Pfühl -
Wie wehen die Lüfte so schwül!

Das Kind spricht: „Morgen ists Feiertag,
wie will ich spielen im grünen Hag,
wie will ich springen durch Tal und Höhn,
wie will ich pflücken viel Blumen schön;
dem Anger, dem bin ich hold!" -
Hört ihrs, wie der Donner grollt?

Die Mutter spricht: „Morgen ists Feiertag,
da halten wir alle fröhlich Gelag,
ich selber, ich rüste mein Feierkleid;
das Leben, es hat auch Lust nach Leid,
dann scheint die Sonne wie Gold!" -
Hört ihrs, wie der Donner grollt?

Großmutter spricht: „Morgen ists Feiertag,
Großmutter hat keinen Feiertag,
sie kochet das Mahl, sie spinnet das Kleid,
das Leben ist Sorg und viel Arbeit;
wohl dem, der tat, was er sollt!" -
Hört ihrs, wie der Donner grollt?

Urahne spricht: „Morgen ists Feiertag,
am liebsten morgen ich sterben mag:
Ich kann nicht singen und scherzen mehr,
ich kann nicht sorgen und schaffen schwer,
was tu ich noch auf der Welt?" -
Seht ihr, wie der Blitz dort fällt?

Sie hörens nicht, sie sehens nicht,
es flammet die Stube wie lauter Licht:
Urahne, Großmutter, Mutter und Kind
vom Strahl miteinander getroffen sind,
vier Leben endet ein Schlag -
Und morgen ists Feiertag.

Gustav Schwab

MEIN STAMMBAUM ...

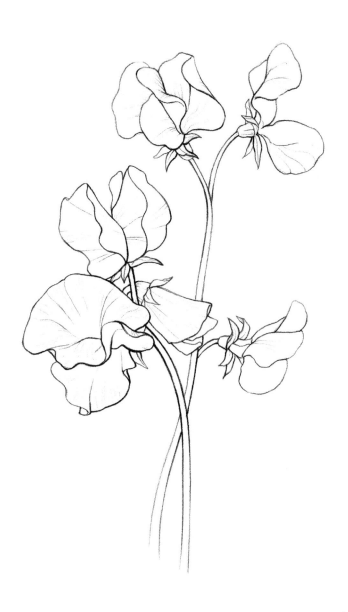

Ein Vogel, der früh aufsteht

Wenn du ein Vogel bist,
musst du früh aufstehen.
Nur so kannst du Würmer fangen.
Wenn du ein Vogel bist,
stehe also früh auf.
Wenn du aber ein Wurm bist,
solltest du möglichst spät aufstehen.

Shel Silverstein

WENN ICH EIN VOGEL WÄRE ...

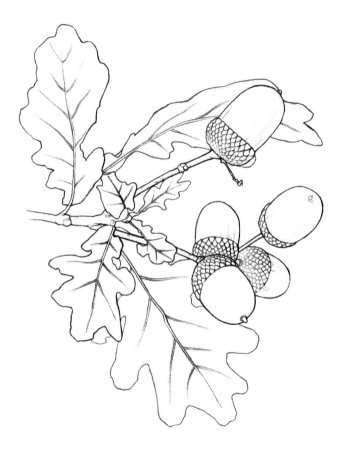

Mondnacht

Es war, als hätt' der Himmel
die Erde still geküsst,
dass sie im Blütenschimmer
von ihm nun träumen müsst'.

Die Luft ging durch die Felder,
die Ähren wogten sacht,
es rauschten leis die Wälder,
so sternklar war die Nacht.

Und meine Seele spannte
weit ihre Flügel aus,
flog durch die stillen Lande,
als flöge sie nach Haus.

Joseph Freiherr von Eichendorff

Habe stets etwas in Händen

Mögest du in deinen Händen immer etwas haben,
womit du dich beschäftigen kannst.
Mögen in deiner Geldbörse jederzeit
ein paar Münzen übrig sein.
Möge stets vor deinen Füßen
ein Weg erscheinen, der dich führt.
Möge dir der Wind stets im Rücken wehen.
Möge die Sonne dir allezeit ins Gesicht scheinen.
Möge bald der Regenbogen aufgehen,
selbst wenn es ab und zu auf deinen Wegen regnet.
Sei arm an Unglück, sei reich an Segen.
Sei langsam darin, dir Feinde zu machen.
Sei schnell darin, jemanden
zum Herzensfreund zu gewinnen.
Möge dich dein Nachbar respektieren.
Möge das Unglück über dich hinwegsehen.
Sei bereits eine halbe Stunde,
bevor der Teufel weiß,
dass du tot bist, im Himmel.
Möge der traurigste Tag, der dir noch bevorsteht,
besser sein als der schönste,
den du bisher erlebt hast.
Und möge dir Gott nie von der Seite weichen.

Keltisches Gebet

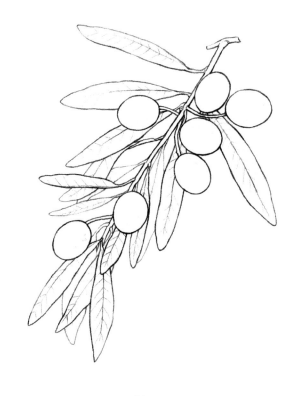

WAS ICH DIR WÜNSCHE ...

_____

_____

_____

_____

_____

Die Liebe ist immer sanftmütig

Die Liebe ist langmütig
Die Liebe ist freundlich
Die Liebe eifert nicht ·

Die Liebe treibt nicht Mutwillen
Die Liebe bläht sich nicht auf
Die Liebe stellt sich nicht ungebärdig
Die Liebe sucht nicht das Ihre

Die Liebe lässt sich nicht erbittern
Die Liebe rechnet das Böse nicht zu
Die Liebe freut sich nicht der Ungerechtigkeit
Die Liebe freut sich aber der Wahrheit

Die Liebe verträgt alles
Die Liebe glaubt alles
Die Liebe hofft alles
Die Liebe duldet alles

Korinther 13

LIEBE IST ...

....

....

....

....

....

....

....

Vor meinem Grab

Weine nicht vor meinem Grab.
Ich bin nicht da.
Ich schlafe nicht.
Ich bin tausenderlei Wind.
Ich bin ein glänzender Edelstein
über dem Schnee.
Ich bin ein heller Sonnenschein
über ausgereiften Ähren.
Ich bin der Regen im Herbst.
Ich bin ein Vogel,
der gemächlich seine Kreise zieht,
wenn du in der Morgenstille
deine Augen öffnest.
Ich bin der Stern,
der nachts leuchtet.
Weine nicht vor meinem Grab.
Ich bin nicht da.
Ich schlafe nicht.

Unbekannt

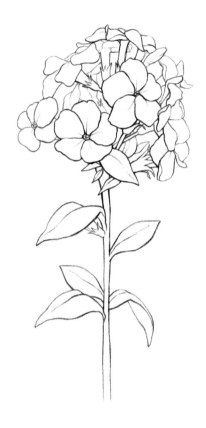

MEINE GRABINSCHRIFT WÄRE ...

....

....

....

Gebet

Lass mich nicht dafür beten,
dass ich vor Gefahren geschützt werde,
sondern lass mich beten,
dass ich mich nicht fürchte,
selbst wenn ich ihnen begegne.

Lass mich nicht dafür beten,
dass der Schmerz nachlassen wird,
sondern lass mich um ein Herz beten,
mit dem ich den Schmerz überwinden kann.

Anstatt um Freunde zu beten,
die mich in der Schlacht
des Lebens unterstützen,
lass mich dafür beten,
dass ich meine eigene Kraft finde.

Lass mich nicht nach Rettung
aus der Angst verlangen,
sondern lass mich um die Geduld beten,
mit der ich die Freiheit selbst erlangen kann.

Lass mich nicht zum Feigling werden,
der nur im Erfolg Gottes Gnade spürt,
sondern lass mich auch im Misserfolg
Gottes Hand erkennen.

Rabindranath Tagore

MOMENTE, IN DENEN ICH DEM LEBEN DANKE ...

_____

_____

_____

_____

_____

_____

Wandere allein, wie es das Nashorn tut

Wie der Löwe, den kein Geräusch verzagt,
Wie der Wind, den kein Netz kann fangen,
Wie die Lotosblüte, unbefleckt
von Schmutz und Schlamm,
Wandere allein, wie es das Nashorn tut.

Sutta Nipāta, I.3. Vers 71

WANDERE ALLEIN ...

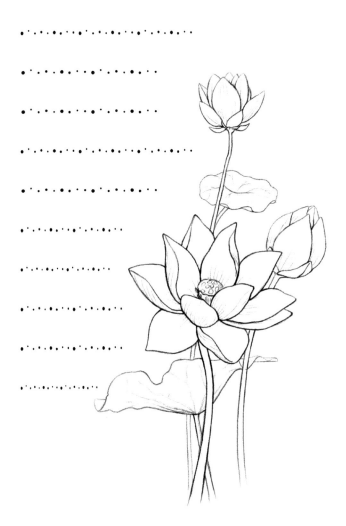

Dû bist mîn, ich bin dîn

Dû bist mîn, ich bin dîn.
Des solt dû gewis sîn.
Dû bist beslozzen
in mînem herzen;
verlorn ist das sluzzelîn:
Dû muost ouch immer darinne sîn.

Unbekannt

DU BIST ...

Warum ich dich liebe

Es gibt einen Grund,
warum ich dich liebe.

Andere lieben nur meine rosigen Wangen,
aber du liebst auch meine grauen Haare.

Es gibt einen Grund,
warum ich mich nach dir sehne.

Andere lieben nur mein Lächeln,
aber du liebst auch meine Tränen.

Es gibt einen Grund,
warum ich auf dich warte.

Andere lieben nur meine Gesundheit,
aber du liebst auch meinen Verfall.

Han Yong-Un

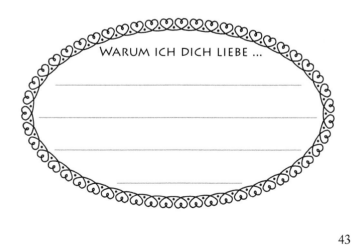

WARUM ICH DICH LIEBE ...

Gesang der Geister über den Wassern

Des Menschen Seele
gleicht dem Wasser:
Vom Himmel kommt es,
zum Himmel steigt es,
und wieder nieder
zur Erde muss es,
ewig wechselnd.

Strömt von der hohen,
steilen Felswand
der reine Strahl,
dann stäubt er lieblich
in Wolkenwellen
zum glatten Fels,
und leicht empfangen,
wallt er verschleiernd,
leisrauschend,
zur Tiefe nieder.

Ragen Klippen
dem Sturz entgegen,
schäumt er unmutig
stufenweise
zum Abgrund.

Im flachem Bette
schleicht er das Wiesental hin,
und in dem glatten See
weiden ihr Antlitz
alle Gestirne.

Wind ist der Welle
lieblicher Buhler;
Wind mischt vom Grund aus
schäumende Wogen.

Seele des Menschen,
wie gleichst du dem Wasser!
Schicksal des Menschen,
wie gleichst du dem Wind!

Johann Wolfgang Goethe

ICH BIN AUCH DICHTER ...

_____

_____

_____

_____

_____

_____

_____

_____

_____

_____

_____

_____

Mitten in der Nacht

„Es ist wirklich ärgerlich, dauernd
mitten in der Nacht aufzuwachen",
murrte ein Greis.
Ein anderer erwiderte:
„Aber nichts ist besser,
um herauszufinden,
dass du noch lebst.
Oder nicht?"

Amano Tadashi

MOMENTE, IN DENEN ICH DAS LEBEN SPÜRE …

Du musst das Leben nicht verstehen

Du musst das Leben nicht verstehen,
dann wird es werden wie ein Fest.
Und lass dir jeden Tag geschehen
so wie ein Kind im Weitergehen von jedem Wehen
sich viele Blüten schenken lässt.

Sie aufzusammeln und zu sparen,
das kommt dem Kind nicht in den Sinn.
Es löst sie leise aus den Haaren,
drin sie so gern gefangen waren,
und hält den lieben jungen Jahren
nach neuen seine Hände hin.

Rainer Maria Rilke

DIE WELT,
VON DER ICH TRÄUME ...

_____

_____

_____

_____

Der Brief, den du geschrieben

Der Brief, den du geschrieben,
er macht mich gar nicht bang;
du willst mich nicht mehr lieben,
aber dein Brief ist lang.

Zwölf Seiten, eng und zierlich!
Ein kleines Manuskript!
Man schreibt nicht so ausführlich,
wenn man den Abschied gibt.

Heinrich Heine

WAS ICH LIEBE ...

Rat eines Königs aus dem neunten Jahrhundert

Sei nicht zu klug
Sei auch nicht zu einfältig
Gehe nicht zu weit
Weiche auch nicht zu sehr zurück
Sei nicht zu hochmütig
Sei auch nicht zu bescheiden
Rede nicht zu viel
Sei auch nicht zu schweigsam
Sei nicht zu stark
Sei auch nicht zu schwach

Wenn du zu klug bist,
werden die Leute von dir zu viel erwarten.
Wenn du zu dumm bist,
werden sie dich zu betrügen versuchen.
Wenn du zu hochmütig bist,
werden die Leute dich für schwierig halten.
Wenn du zu bescheiden bist,
werden die Leute dich nicht respektieren.
Wenn du zu viel redest,
haben deine Worte kein Gewicht.
Wenn du zu still bist,
wird sich niemand für dich interessieren.
Wenn du zu hart bist,
wirst du leicht brechen.
Wenn du zu schwach bist,
wirst du zermahlen.

Altes irisches Gedicht

Ich lebe mein Leben

Ich lebe mein Leben in wachsenden Ringen,
die sich über die Dinge ziehn.
Ich werde den letzten vielleicht nicht vollbringen,
aber versuchen will ich ihn.

Ich kreise um Gott, um den uralten Turm,
und ich kreise jahrtausendelang;
und ich weiß noch nicht:
bin ich ein Falke, ein Sturm
oder ein großer Gesang.

Rainer Maria Rilke

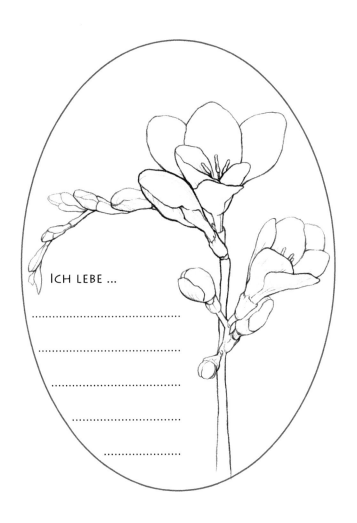

Ich lebe ...

....

....

....

....

....

Bleibt zusammen, aber wahrt Abstand

Bleibt zusammen, aber wahrt Abstand.
So lasst den Wind des Himmels zwischen euch tanzen.
Liebt einander, aber lasst euch nicht
durch die Liebe einschnüren.
Stattdessen legt ein wellendes Meer
zwischen die Hügel eurer Seelen.
Schenkt euch gegenseitig die Gläser ein,
aber ein jeder trinke nur aus seinem Glas.
Gebt einander euer Brot,
aber jeder esse nur sein Brot.
Singt, tanzt, freut euch zusammen,
aber lasst den anderen allein sein.
So wie die Saiten eines Musikinstruments,
die ein Musikstück wunderbar erklingen lassen,
jede für sich.
Öffnet einander eure Herzen, aber
lasst euch nicht an das Herz des anderen binden.
Allein die Berührung durch einen großen Schöpfer
kann eure Herzen bewahren.
Steht zusammen,
aber steht nicht zu nahe beieinander.
Auch die Säulen des Tempels haben
einen Abstand voneinander und
Eiche und Zeder können nicht gedeihen,
wenn sie im Schatten der jeweils anderen stehen.

Khalil Gibran

WAS MEINE LIEBE STARK MACHT ...

_____

_____

_____

_____

Du

Du musst leben, wie du denkst.
Sonst wirst du denken,
wie du lebst.

Paul Valéry

10 WORTE, DIE
MICH GLÜCKLICH MACHEN ...

Bevor ich Mutter wurde

Bevor ich Mutter wurde,
habe ich immer gegessen,
bevor das Essen erkaltete.
Ich trug keine fleckige Kleidung und hatte Zeit,
mich gemütlich am Telefon zu unterhalten.

Bevor ich Mutter wurde,
konnte ich so viel schlafen, wie ich wollte,
und bis in die Puppen Bücher lesen.
Ich kämmte mir jeden Tag die Haare
und schminkte mich.
Ich habe mein Haus jeden Tag geputzt.
Ich bin nie über ein Spielzeug gestolpert und
hatte Wiegenlieder schon lange vergessen.

Bevor ich Mutter wurde, war es mir egal,
welche Gräser giftig sind.
Ich habe nie über Impfungen nachgedacht.
Niemand hat sich jemals auf mir übergeben,
mich geschlagen, mir ins Gesicht gespuckt,
mich an den Haaren gezogen, gebissen,
oder gezwickt.

Bevor ich Mutter wurde,
konnte ich meine Emotionen gut kontrollieren.
Meine Gedanken und sogar meinen Körper.

Ich habe nie ein weinendes Kind
mit beiden Händen gehalten,
damit es ein Arzt untersucht
oder ihm eine Spritze gibt.

Ich habe nie mitgeweint,
wenn ich ein in Tränen aufgelöstes Kind sah.
Ich habe nie so viel gelacht,
wie beim Anblick eines bloßen Lächelns.
Ich bin nie bis zum Morgengrauen wach geblieben,
während ich ein schlafendes Kind betrachtete.

Ich habe nie ein Kind
endlos in meinen Armen gewiegt,
weil ich mich davor fürchtete, dass es erwacht.
Nie habe ich so sehr gelitten,
weil ich nicht an seiner Stelle krank sein konnte,
wenn ein Kind Schmerzen hatte.
Ich habe nie gedacht,
dass ein so kleines Wesen mein Leben
dermaßen beeinflussen wird.

Ich habe nie gedacht,
dass ich jemanden so sehr lieben werde.
Ich habe nie gedacht,
dass ich so glücklich sein werde,
Mutter zu sein.
Ich habe nie geahnt,
was für ein Gefühl es sein wird,
ein Herz außerhalb meines Körpers
schlagen zu hören.
Ich habe nicht gewusst,
was für ein besonderes Gefühl es ist,
ein Kind zu stillen.

Ich kannte nie
die Freude,
den Kummer,
das Wunder,
die Leistung,
Mutter eines Kindes zu sein.
So viele Emotionen.

Bevor ich Mutter wurde.

Unbekannt

BEVOR ICH ...

_____

_____

_____

_____

_____

_____

_____

_____

_____

_____

_____

_____

_____

Eltern

Ihr habt meine Hände gehalten.
Ich werde eure halten.

Seo Yun-Deog

10 DINGE, DIE MICH MIT
MEINEN ELTERN VERBINDEN ...

Geben mit Seele und Liebe

Viele Menschen auf der Welt sterben,
weil sie keinen Krumen Brot haben,
aber mehr gehen daran zugrunde,
dass sie keine Liebe erfahren.
Es ist nicht wichtig, wie viel man gibt.
Wichtig ist allein,
dass es aus tiefster Seele und mit Liebe gegeben wird,
wie winzig auch immer es sei.

Ich tue nichts Großartiges,
es sind nur Kleinigkeiten,
aber was ich tue,
geschieht mit großer Liebe.

Mutter Theresa

MEINE LETZTE SPENDE ...

....

....

....

Glücklichsein

Es gibt keine Pflicht des Lebens,
es gibt nur eine Pflicht des Glücklichseins.
Dazu allein sind wir auf der Welt,
und mit aller Moral und mit allen Geboten
macht man einander selten glücklich,
weil man sich selbst damit nicht glücklich macht.
Wenn der Mensch gut sein kann, so kann er das nur,
wenn er glücklich ist,
wenn er Harmonie in sich hat,
also wenn er liebt.
Dies war die Lehre,
die einzige Lehre in der Welt.
Dies sagte Jesus, dies sagte Buddha.
Für jeden ist das einzig Wichtige auf der Welt
sein eigenes Innerstes,
seine Seele,
seine Liebesfähigkeit.
Ist die in Ordnung,
so mag man Hirse oder Kuchen essen,
Lumpen oder Juwelen tragen,
dann klang die Welt mit der Seele rein zusammen,
war gut,
war in Ordnung.

Hermann Hesse

Ich und Du

Wir träumten voneinander
und sind davon erwacht.
Wir leben, um uns zu lieben,
und sinken zurück in die Nacht.
Du tratst aus meinem Traume,
aus deinem trat ich hervor,
wir sterben, wenn sich Eines
im andern ganz verlor.

Auf einer Lilie zittern
zwei Tropfen, rein und rund,
zerfließen in Eins und rollen
hinab in des Kelches Grund.

Friedrich Hebbel

MEINE GUTEN UND SCHLECHTEN
EIGENSCHAFTEN …

Ich habe gebetet

Ich habe gebetet, dass er mich stark macht,
damit ich alles erreichen kann, was ich will.
Aber Gott hat mich schwach geschaffen,
damit ich Bescheidenheit lernen kann.

Ich habe für Gesundheit gebetet,
damit ich etwas Großes leisten kann.
Aber Gott hat mir die Gebrechlichkeit gegeben,
damit ich etwas Sinnvolleres tun kann.

Ich habe gebetet, dass ich reich werde,
damit ich glücklich sein kann.
Aber Gott hat mir die Armut beschert,
damit ich ein weiser Mensch werden kann.

Ich habe um Talent gebetet,
damit ich von anderen Menschen gelobt werden kann.
Aber Gott hat mir die Minderbegabung geschenkt,
damit ich Gottes Anwesenheit spüren kann.

Ich habe für alles gebetet,
damit ich das Leben genießen kann.
Aber Gott hat mir das Leben beschert,
damit ich es genießen kann.

Ich habe von Gott nichts von dem bekommen,
worum ich bat,
aber ich habe alles bekommen, was ich brauche.
Obwohl ich ein winziges Wesen bin,
hat Gott all meine stummen Gebete erhört.

Ich bin der glücklichste Mensch von allen.

*Unbekannt (Gedicht, das in der Halle für Menschen
mit Behinderung in New York geschrieben steht)*

DAFÜR BETE ICH …

Der unbegangene Weg

In einem gelben Wald ein Weg, er gabelte sich.
Folgen konnte ich nicht beiden,
so sah ich dem einen betrübt entlang,
bis er sich im Unterholz dem Blick entzog.

Dann wählte ich den andern, reizvoll war auch der
und verdiente gar den Vorzug, denn grasbewachsen
wollte er, dass jemand auf ihm wandle.
Obwohl, was das betraf, beide vom Darübergehen
in gleichem Maße ausgetreten waren.

Beide lagen an dem Morgen unberührt von Schritten,
die das Laub zu Schwarz getreten haben würden.
O, ich hob den ersten mir für andere Tage auf,
wohl wissend um der Dinge Lauf, wie Weg an Weg sich fügt,
und dass womöglich niemals mehr ich wiederkehren würde.

Mit Seufzen werde ich dereinst
irgendwo dies erzählen:
Zwei Wege teilten sich in einem Wald und ich,
ich nahm den weniger benutzten,
und das hat alles verändert.

Robert Lee Frost

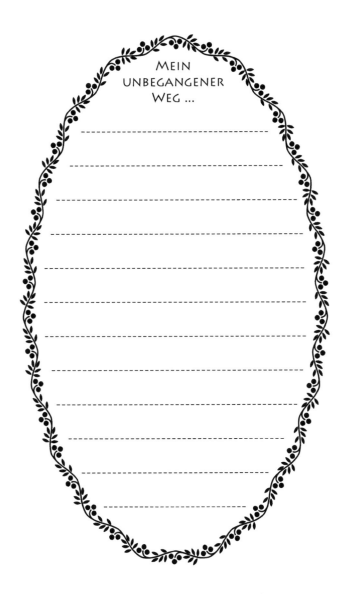

MEIN
UNBEGANGENER
WEG ...

Lasst den Wind des Himmels zwischen euch tanzen
Ki-Hyang Lee (Herausgeber)
Illustrationen: Dari
© 2020 Märchenwald Verlag München
Alle Rechte vorbehalten

Printed in Germany
ISBN: 978-3-95424-016-6

www.maerchenwaldverlag.de